Jean-Frédéric AUFSCHLAGER

LES SOUVENIRS

D'UN VIEUX PROFESSEUR STRASBOURGEOIS

(1766-1833)

AVEC UN PORTRAIT

STRASBOURG

IMPRIMERIE ALSACIENNE (anc. G. FISCHBACH)

1893

Jean-Frédéric AUFSCHLAGER

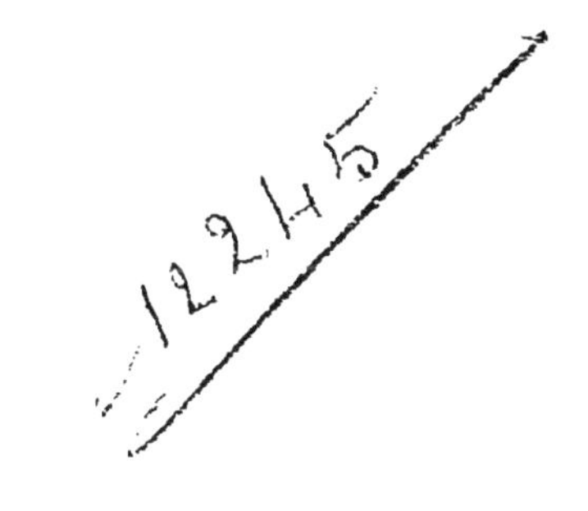

Jean-Frédéric AUFSCHLAGER

LES SOUVENIRS

D'UN VIEUX PROFESSEUR STRASBOURGEOIS

(1766-1833)

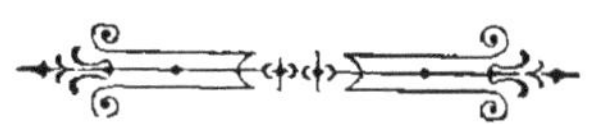

AVEC UN PORTRAIT

STRASBOURG

IMPRIMERIE ALSACIENNE (anc. G. FISCHBACH)

1893

LES SOUVENIRS

D'UN VIEUX PROFESSEUR STRASBOURGEOIS

(1766-1833)

Le nom de Jean-Frédéric Aufschlager n'est pas oublié parmi nous. Parmi nos concitoyens strasbourgeois qui ont aujourd'hui dépassé leur soixante-dixième année, plusieurs se souviennent assurément du maître émérite qui leur fit faire connaissance avec les beautés des littératures anciennes et modernes dans les salles basses de l'ancien Gymnase, et la plus modeste collection d'alsatiques serait regardée à bon droit comme incomplète, si l'on n'y rencontrait l'édition française ou allemande de *L'Alsace* du digne professeur. Ce fut en son temps le meilleur manuel pour étudier l'histoire et la topographie de notre province, et il a tenu longtemps son rang. Une aimable communication, faite récemment par son petit-neveu, m'a appris à connaître le consciencieux écrivain sous un jour tout nouveau, comme auteur, non pas précisément de *Mémoires* — il aurait trouvé le mot bien trop ambitieux — mais de souvenirs personnels et d'esquisses strasbourgeoises.

Comme ils se rapportent en partie à une époque, mémorable entre toutes, ces pages, même celles qui sont de pure biographie, présentent par moments plus qu'un intérêt de famille. Aussi j'ai demandé à mon ancien et bon camarade d'école la permission d'en publier quelques extraits, et je suis sûr, qu'après les avoir parcourus, nos lecteurs seront certainement reconnaissants à M. Ernest Aufschlager, d'avoir gracieusement accueilli cette requête. Pour cette publication, mon rôle s'est borné à transcrire les passages du manuscrit original qui me semblaient les plus propres à faire mieux connaître l'époque de l'auteur et les idées de son temps, en élaguant naturellement les détails nombreux qui se rapportent exclusivement à ses affaires privées. Je n'ai pas besoin d'ajouter que les Souvenirs de Jean - Frédéric Aufschlager n'offrent rien de bien particulier au point de vue ·biographique, et que son sort a été celui de milliers d'autres de nos citoyens à l'époque révolutionnaire. Mais c'est là précisément ce qui leur donne un intérêt plus général, tout comme les sentiments exprimés par le narrateur représentent certainement aussi la manière de voir de l'immense majorité de ses contemporains. C'est un témoin obscur mais intelligent, pris dans la foule, qui n'a joué aucun rôle sur la scène et n'a jamais ambitionné d'en jouer aucun ; son témoignage en sera d'autant plus précieux.

Mais il est temps de lui laisser la parole à lui-même (1).

Rod. Reuss.

---

(1) Le manuscrit a été rédigé d'une façon définitive en 1832. Nous avons çà et là *modernisé* quelque peu l'*orthographe*, en respectant scrupuleusement le *style*.

I.

„M'approchant de la fin de ma carrière, je me plais à reporter mes regards sur la partie que j'en ai parcourue, et à mettre par écrit les événements qui pourraient intéresser ma famille. Ces événements n'ont rien d'extraordinaire, cependant ils sont assez variés et fournissent souvent matière à des réflexions utiles. Ils tombent d'ailleurs dans la période la plus importante de l'histoire, où tous les grands événements des siècles passés se sont, pour ainsi dire, renouvelés, et qui offre à nos yeux le tableau le plus animé de l'activité humaine dans un cadre d'un demi-siècle. J'ai vu la monarchie absolue, une cour corrompue, une société tombant en dissolution, la lutte des corps privilégiés contre le tiers-état, la naissance de la liberté politique, intellectuelle et religieuse; j'ai vu la monarchie constitutionnelle, la démocratie dans ses fureurs, accompagnée de la Terreur, la république chancelante sous le Directoire, les efforts d'un génie supérieur pour donner à la France un nouvel éclat par des institutions fortes, par des monuments durables, par une gloire militaire éblouissante ; j'ai vu crouler le vaste édifice du grand empire et expirer sur un rocher stérile le héros admirable qui croyait l'avoir bâti pour l'éternité ; j'ai vu les vautours étrangers déchirer notre belle France et en laisser les débris à une dynastie déchue et méprisée. J'ai été témoin de cette restauration qui nous a ramené les Bourbons, la morgue et les prétentions des nobles, l'hypocrisie et l'avarice des prêtres, et un simulacre de liberté. J'ai vu l'imbécillité de Charles X, ses vues d'absolutisme et ses actes despotiques ; je l'ai vu chasser, sans regrets de la part du peuple ; j'ai célébré l'avènement de Louis-Philippe d'Orléans avec l'espérance de voir enfin triompher la liberté, fondée sur une constitution adaptée aux besoins d'une nation éclairée. Mais le roi-citoyen s'était entouré de ministres qui, malgré la réputation dont ils jouissaient, à juste titre, ne savaient faire respecter le gouvernement ni à l'extérieur ni à l'intérieur, et qui, par cette faiblesse, ont laissé le champ libre aux intrigues et aux factions..... J'ai donc assisté à un grand drame, à un spectacle infiniment intéressant, mais dont le dénouement ne paraît pas encore être arrivé. Les Belges n'ont pas encore terminé leur lutte; les Polonais ont succombé avec honneur, attendant un meilleur avenir; les Italiens gémissent en conspirant; les Allemands se préparent au combat contre l'aristocratie; les grandes puissances absolues épient le moment où elles puissent écraser les peuples mutinés! Quel avenir, quelles craintes, quelles espérances!"

II.

Nous n'avons pas voulu priver le lecteur de cette introduction si curieuse, bien qu'elle ne se rattache pas directement à la vie d'Aufschlager, car elle l'introduit, de prime abord, dans la façon de penser de la bourgeoisie strasbourgeoise, au lendemain „des journées glorieuses" de juillet 1830. Elle lui remet en mémoire le trait distinctif de la génération d'alors, l'étroite alliance des idées libérales et de la gloire napoléonienne préconisée par Béranger, qui semblait si naturelle au grand nombre à cette date, et qui révolte aujourd'hui nos consciences et notre sens politique, éclairées par les journées fatales du 2 Décembre et de Sedan. Mais n'oublions pas que notre narrateur est mort longtemps avant l'éclosion du second empire, et gardons-nous de lui faire un reproche de son admiration rétrospective, qu'il partageait du reste, non pas avec la France seulement, mais avec l'Europe presque tout entière. Laissons-le raconter plutôt sa naissance et ses premières années.

„Je naquis le 3 décembre 1766 à Kunheim, petit village de la Haute-Alsace, situé sur les bords du Rhin, entre Marckolsheim et Neuf-Brisac. Peu de temps après ma naissance, mon berceau fut englouti par le Rhin et enseveli sous un banc de gravier. Aussi ne me reste-t-il pas le moindre souvenir du lieu où je vis le jour. Dès 1770 mes parents transférèrent leur domicile dans le village neuf qui a été bâti, sous le même nom, le long de la route du Rhin... La maison neuve que nous habitions, le jardin que mon père avait planté lui-même, les étables remplies de vaches, de moutons et de porcs, la basse-cour peuplée de volailles, la grange garnie de tas de gerbes, les greniers chargés de blé firent une impression agréable sur ma jeune imagination et je ne tardai pas à concevoir une haute idée du bonheur de la vie champêtre, et de l'état d'un curé de campagne.

„Mon père, Melchior Aufschlager, pasteur du village de Kunheim, tout protestant, fut mon premier maître. A l'âge de sept ans j'avais acquis assez de connaissances pour qu'il pût m'envoyer au Gymnase de Strasbourg. Il me fit embarquer sur un grand bateau qui transportait sur le Rhin des boulets de canon et des bombes, chose neuve et étonnante pour un petit campagnard de mon âge. J'arrivai à bon port et je fus confié aux soins de ma grand'mère maternelle, Marguerite-Salomé Bruder, veuve Birr, et de sa fille Barbe Birr, sœur de ma mère. C'est aux exhortations et à l'exemple de ces dames que je dois mon respect pour tout ce qui est vrai, honnête et louable. Elles demeuraient dans le Kohlenhof, près de la Madeleine... Que Dieu les récompense des bienfaits dont elles m'ont comblé !

„J'entrai au Gymnase, en Septième, le 28 février 1774. L'amour de la science et un peu d'ambition excitaient et soutenaient mon application et j'eus la satisfaction d'obtenir dans toutes les classes un des premiers prix. Je crois avoir gagné par ma conduite et mon zèle la bienveillance de mes professeurs, et par ma complaisance et ma douceur l'amitié de mes condisciples. Mes professeurs étaient MM. Kampmann; le savant Oberlin, plus tard professeur à l'Université; Weber, dans là suite professeur en théologie à l'Université; Kramp, excellent grammairien pour la langue latine; Müller, son successeur; Leypold, homme bizarre, souvent ridicule, mais grand littérateur; Beyckert, excellent professeur de la langue française et d'arithmétique ; Fries, homme du monde, mais peu instruit(1).

„A l'époque où je fréquentais cet établissement littéraire, l'instruction qui s'y donnait était extrêmement incomplète. L'étude de la langue latine se bornait à l'analyso grammaticale de quelques fables de Phèdre, de trois ou quatre biographies de Cornelius Nepos, d'un livre de Quinte-Curce, d'un petit nombre de lettres de Cicéron, de quel-

---

(1) Sur la plupart de ces personnages voy. mon *Histoire du Gymnase protestant pendant la Révolution*; les indications d'Aufschlager m'auraient été bien utiles dans mon tableau des études avant 1789.

ques élégies d'Ovide et du premier livre de l'*Enéïde* de Virgile. L'étude de la langue grecque consistait à apprendre la grammaire de Weller, à expliquer le petit recueil des fables d'Esope qui en forment l'appendice, et quelques chapitres de Saint-Luc. On apprenait les règles de la grammaire française, et seulement dans les classes supérieures on nous régalait de temps en temps d'une fable de La Fontaine ou de quelques pages des *Aventures de Robinson Crusoë*. Aucun élève ne savait parler français tant soit peu couramment en sortant du Gymnase. On n'enseignait pas du tout les principes de la langue allemande. Aucune composition dans aucune langue ; rien que des thèmes et des versions. La religion n'était qu'affaire de mémoire : le catéchisme de Luther et la *Bible de l'Enfance* pour les classes inférieures, et un mauvais abrégé de l'ancienne théologie pour les classes supérieures; rien pour le cœur et l'élévation du sentiment. L'histoire et la géographie n'étaient aussi que de simples objets de mémoire, point de récits, point de détails. L'arithmétique était bien enseignée ; la géométrie se bornait à la définition des figures géométriques, sans aucune démonstration. Il n'était pas question de rhétorique ni d'esthétique.

„La tête remplie de règles, de noms, d'époques, je sortis du Gymnase comme premier élève de la première et j'entrai dans les auditoires des professeurs de l'Université comme étudiant en philosophie, à la Saint-Michel 1780, n'ayant pas encore atteint l'âge de *quatorze* ans! Je fis les études latines et archéologiques chez Oberlin, que j'estimais beaucoup et qui m'aimait à son tour. Schweighæuser père m'inspira du goût pour le grec ; j'expliquai avec lui l'*Iliade* d'Homère, l'*Antigone* de Sophocle et les *Memorabilia Socratis* de Xénophon. Je fréquentai les cours d'histoire universelle de Michel Lorenz, et un cours de latin chez le même, mais cet homme savant ne possédait du tout le don de l'enseignement ; il parlait très bien le latin, mais ne savait pas l'allemand.

„Oberlin donna un cours de philosophie suivant Baumeister et Reusch (manuels philosophiques alors en usage) sans aucun succès. La philosophie n'était pas sa partie ; il l'enseigna parce que cette chaire lui était échue. Heureusement il trouva un habile adjoint dans le jeune professeur Blessig, doué

d'un génie vif, d'une éloquence brillante, d'un savoir étendu et des ma-
nières les plus affables. Il enseigna
avec talent la logique, la métaphysique
et l'histoire de la philosophie. Ne se
bornant pas à ces leçons, il forma
aussi une Société littéraire, composée
des meilleurs sujets de l'Université.
J'eus le bonheur d'y être admis par la
voie du scrutin. On y expliquait Quin-
tilien et l'*Art poétique* d'Horace, on s'y
exerçait à la déclamation et à la narra-
tion orale, on faisait des compositions
en allemand et en latin, et les élèves
les critiquaient. Ces cours pleins de
goût donnèrent une vie nouvelle à la
jeunesse studieuse et produisirent bientôt une heureuse révolution dans la manière d'étudier. Il s'y forma une jeunesse brillante qui, quelques années
après, remplissait avec distinction les
différentes places qui lui étaient tom-
bées en partage.

„Fried, vieillard septuagénaire, enseignait la morale philosophique d'a-
près Pufendorf, sans critique et sans
chaleur... Pour les mathématiques, j'ai
eu le bonheur d'assister encore aux leçons de Samuel Herrenschneider, professeur d'un grand mérite, qui donnait
ses leçons avec une clarté et une pré-

cision uniques. Il m'inspira le goût
pour les sciences exactes, que j'ai cul-
tivées davantage dans les cours de Bra-
ckenhoffer et de Kramp... J'appris les
éléments de physique chez Schurer,
professeur asthmatique, dont le débit
était insupportable et embrouillé, mais
il avait un riche cabinet d'instruments.
Je fréquentai aussi un cours de zoologie
chez M. Hermann.

„Telles furent mes études prépara-
toires, tels furent mes maîtres pendant
les trois premières années de ma carrière académique... Ayant joui de la
bourse de Mauritius (1), je fus obligé de
prendre le grade de maître-ès-arts. Je
composai une dissertation latine *De
theologia Socratis*, que je soutins sous la
présidence de M. Schweighæuser, le
15 septembre 1785, et l'année suivante
j'obtins mon diplôme, que j'ai échangé
en 1819 contre celui de licencié-ès-let-
tres à l'Université de France.

„Dès l'année 1783 j'avais commencé
la théologie. J'appris les éléments de
l'hébreu chez Schweighaeuser. Je ne
fis pas de grands progrès dans cette
langue; n'ayant alors d'autre ambition

---

(1) Fondation du chanoine Maurice Ueberheu,
en faveur d'étudiants pauvres, qui existe encore
aujourd'hui.

que de devenir pasteur à la campagne,
je regardai comme perdu le temps que
je vouerais à l'étude de cette langue.
J'expliquai la *Genèse* et une partie des
Psaumes. La Faculté de théologie n'était
alors composée que de trois professeurs
en activité, dont on fréquentait les
cours. Le vieux. Beyckert, qui était
aussi *gymnasiarque* (directeur du Gymnase), m'enseigna l'exégèse et l'art de
prêcher. Il nous expliqua l'*Epître de
saint Paul aux Ephésiens,* en analysant
grammaticalement chaque verset. Point
d'exposition animée des choses, seulement quelques observations puisées dans
un système suranné. Au reste c'était
un vieillard doux et affable.

„J'étudiai aussi l'exégèse chez le savant Müller, homme d'un extérieur
désagréable, mais qui avait beaucoup
d'érudition et s'était familiarisé avec les
idées nouvelles de la théologie régé-
nérée. Il nous expliqua l'*Epître aux
Romains* en faisant beaucoup de remar-
ques intéressantes.... Müller était un
profond penseur, mais il manquait absolument du don de la parole. Weber
enseignait la dogmatique orthodoxe,
suivant Sartorius, et l'histoire ecclésiastique d'après ses cahiers. Dans le
premier cours il se montra ennemi dé-

claré de l'hétérodoxie et dans le second il se borna au simple récit des faits, sans les soumettre à la critique et sans aucune vue philosophique.

„En général j'ai tiré peu de profit de tous ces cours et je vis bientôt que pour devenir un pasteur instruit et éclairé, il fallait recommencer toutes mes études et remanier toutes mes idées."

III.

Nous supprimons ici, comme d'un intérêt médiocre pour la presque totalité de nos lecteurs, la longue liste des théologiens, des moralistes, des historiens ecclésiastiques que le jeune étudiant en théologie se mit à étudier à fond, dans le silence du cabinet, pour suppléer à l'insuffisance trop réelle de l'enseignement académique d'alors. Nous passons également sous silence le travail assidu auquel il se livra „pour purifier ses idées religieuses de tout alliage étranger", en traduisant d'un bout à l'autre le Nouveau-Testament, et ses efforts pour arriver à manier avec succès le langage de la chaire chrétienne. Il suffira de dire ici qu'après avoir terminé toutes ces études, Aufschlager fut consacré au saint-ministère, et fut inscrit sur la liste des „séminaristes" (1) en 1787.

„Pour subvenir aux frais d'étude, je donnai chaque jour quatre ou cinq leçons particulières, à raison de six à douze francs par mois. Ce revenu modique suffisait pour payer mes cours et pour m'acheter successivement une collection choisie de bons livres. Mon père ayant une nombreuse famille et une cure très médiocre, ne pouvait rien faire pour moi. En 1783 je quittai ma grand'mère pour me loger chez mon oncle Wachter, droguiste, sous les Grandes-Arcades. Il me donna une belle chambre, et le souper, à charge d'instruire ses enfants, et je dois mille remercîments à ce bon oncle, qui prit toujours le plus vif intérêt à mon sort.

„L'année suivante devait m'ouvrir une autre carrière. M. Braun, professeur en droit, veuf, m'engagea à de-

----

(1) On appelait ainsi les candidats en théologie natifs, qui, d'après leur numéro d'ordre sur la liste d'inscription, étaient appelés, lors d'une vacance, aux cures rurales ou urbaines dans le territoire de la ville libre royale de Strasbourg.

venir gouverneur de son fils unique,
nommé Louis; il me promit nourriture,
logement, chauffage francs, et un traitement annuel de 300 livres. J'y consen-
tis et à la Saint-Michel 1784, j'entrai
dans la maison de mon patron. Dès ce
moment je cessai de donner des leçons
en ville et je vouai la plus grande partie de mon temps à l'instruction et à la
surveillance de mon élève, âgé de sept
ans..... Mon élève fit des progrès ra-
pides et il reçut une instruction beaucoup plus complète que celle qui se
donnait au Gymnase. Je le conduisis
au point qu'à l'âge de treize ans il aurait pu fréquenter les cours prépara-
toires des professeurs de l'Université!...
M. Braun me promit aussi de me faire
voyager avec son fils dès qu'il aurait
achevé ses cours de droit. Belle perspective pour moi! Je résolus de rester à
mon poste jusqu'à cette heureuse époque..... Voilà que tout à coup la scène
change. L'Assemblée des notables,
réunie sans succès, fait craindre un
orage, il éclate en 1789 par la Révolution, qui frappe tous les états, qui ren-
verse toutes les relations sociales, qui
anéantit les projets les mieux conçus
Je ne pouvais échapper au sort com-
mun.

„Tout allait encore assez bien pendant les trois premières années de la
Révolution. Quoique tout fût boule-
versé, la liberté conquise ranimait tous
les esprits, soutenait tous les cœurs,
rendait prêt à tous les sacrifices. On ne
doutait pas de l'issue prochaine de la
lutte qui s'était engagée entre les états
privilégiés et le peuple; on attendait
avec impatience une victoire décisive.
Voilà que la Convention proclame la
République, fait trancher la tête au
roi et répand la terreur dans toutes
les classes des citoyens. Alors mes il-
lusions se dissipent, mes espérances sont
anéanties, ma vocation est changée.

„En 1790 je fus nommé prédicateur
au service de l'après-midi par les anciens de l'église Saint-Guillaume, et
parce que j'eus le bonheur d'attirer par
mes sermons un auditoire nombreux,
les anciens de l'église de Saint-Pierre-
le-Vieux me chargèrent des mêmes
fonctions vers la fin de 1792. Je prê-
chais donc tous les dimanches. La faci-
lité avec laquelle je travaillais et ap-
prenais par cœur, mon goût pour la
prédication allégeaient le poids de mes
fonctions et je m'en acquittais sans
embarras.

„Au milieu de ces succès, la Terreur

se propagea jusque dans le sanctuaire des temples. Le 24 novembre 1793 toutes les églises sont fermées, les ministres du culte sont persécutés et même emprisonnés. La Cathédrale est transformée en Temple de la Raison, le dimanche est aboli, les décadis lui succèdent. Tout culte religieux cesse et le christianisme paraît être banni. Quelle sera ma destinée?

„Au mois de décembre de la même année, M. Braun qui, pendant le régime constitutionnel, avait rempli les fonctions d'administrateur du département, fut arrêté et enfermé au Séminaire avec un grand nombre d'autres citoyens respectables; il y resta jusqu'en septembre 1794. La Providence m'a sauvé de cette persécution générale des honnêtes gens, et notamment des ministres du culte, grâce à l'obscurité où je vivais.

„Pendant la réclusion de M. Braun, je soignai son ménage et je continuai l'instruction de son fils, mais je ne pouvais plus espérer de voyager avec lui. La loi contre les émigrés avait fermé la France et personne n'osait quitter ses foyers sans une nécessité urgente.... La carrière théologique me paraissait entièrement fermée. Quel parti prendre?...

On vint m'offrir la cure de Kirrwiller,
mais je ne pouvais pas l'accepter puisque
M. Braun était encore enfermé et que
je ne pouvais pas abandonner l'élève
qui m'était confié. J'attendis une autre
chance ; elle se présenta.

„Mon estimable ami Stahl, qui pendant le règne de la Terreur avait obtenu
à la Maison commune la place de chef
de bureau des finances de la ville,
m'offrit de me faire nommer sous-chef
de bureau, avec les appointements de
chef. Je ne crus pas devoir balancer
d'accepter une place qui, en me sous-
trayant aux tracasseries auxquelles à
cette époque les ecclésiastiques étaient
exposés, me procurait une existence
honnête. Je fis part de ma résolution à
M. Braun et j'entrai en fonctions le 23
septembre 1794.“

Peu de jours après, l'ancien professeur
de droit à l'Université sortait des pri-
sons du Séminaire; il semble avoir fait
un accueil peu cordial à celui qui pendant ces mois de captivité avait veillé
sur sa demeure et son fils, et qui, depuis
de si longues années, vivait sous son toit.
Aufschlager quitta donc également la
position occupée jusqu'alors, et se sé-

para assez froidement de M. Braun,
„après avoir sacrifié aux fonctions pé-
nibles de gouverneur les plus belles
années de sa vie. "

„Malgré ces désagréments que j'éprou-
vai à la fin de cette période de ma vie,
je ne regrette pas tout à fait le temps
passé dans la maison Braun. Par la
conversation à table, qui roulait toujours
sur quelque objet intéressant, j'appris
une infinité de choses utiles ; je fis la
connaissance de la plupart des familles
patriciennes de cette époque, j'observai
leur manière de vivre et leur conduite
dans la société. L'isolement où je me
trouvais me laissa beaucoup de loisirs
pour mes études ; je ne fus pas tenté
de me lancer dans la politique et par là
je restai loin des dangers que couraient
les patriotes trop ardents. Je passai
tous les ans deux mois à la campagne de M. Zollicoffer, grand-père
de mon élève, à Dorlisheim, ce qui
m'engagea étudier l'histoire naturelle
et à former un herbier des plantes
indigènes.....

„Je n'ai jamais eu lieu de me repentir
du parti que j'avais pris. L'état ecclésiastique n'avait plus d'attraits pour moi.
Bien que les églises fussent rouvertes

au bout de dix-huit mois, les pasteurs étaient en grande partie déconsidérés, l'Église protestante était désorganisée, il n'y avait plus d'autorité, la croyance du peuple était ébranlée. Les communes de la campagne choisissaient les pasteurs à leur gré, les payaient mesquinement, leur causaient toutes sortes d'embarras et de déboires, au point que plusieurs d'entre eux abandonnèrent leurs fonctions. Mon propre père eut ce sort. Septuagénaire, il quitta le village de Kunheim, après que les habitants lui eurent remboursé en assignats sans valeur les capitaux qu'il leur avait prêtés. Il mourut à Strasbourg, dans ma demeure, d'un coup d'apoplexie, le 15 mars 1800, à l'âge de soixante-dix-sept ans.

„Je m'estimais donc heureux d'avoir trouvé un emploi qui me procurait une existence honnête, et pour lequel j'avais les connaissances requises. Mes principes modérés en fait de politique, mon amour du travail, mon exactitude à remplir mes devoirs me procuraient, malgré les changements continuels de la forme du gouvernement, l'estime et la confiance des administrateurs. Plus d'une fois l'on m'offrit des places supérieures à la mienne, mais l'histoire de la Révolution m'avait appris que la foudre frappe toujours les têtes les plus éminentes et que rien n'est plus vain que les titres et les honneurs. Peut-on échapper à la critique, et même à la calomnie, quand on occupe une place que quelque ambitieux convoite, ou quand on est obligé par ses fonctions de décider souvent des affaires litigieuses, où la partie qui succombe se récrie d'ordinaire contre le juge? Je suivais donc la maxime: *Bene vixit qui bene latuit* (1)".

IV.

Revenu dans la maison de son oncle Wachter, Aufschlager y fit connaissance, deux ans plus tard, d'une nièce de ce dernier, fille de Jean-Henri Gnilius, pasteur à l'église de Saint-Guillaume. Mlle Marie-Madeleine Gnilius lui „promit sa main" le 20 juillet 1797, le contrat de mariage fut signé le 31 août suivant et le mariage célébré le 18 octobre, tant à la Mairie de Strasbourg qu'à l'église de son futur beau-père. La

---

(1) Florian a dit de même : «Pour vivre heureux, vivons caché ! »

jeune femme „réunissait, au dire du narrateur, toutes les qualités qu'un mari raisonnable puisse désirer," de sorte que l'on comprend à merveille que cette union ait „fondé le bonheur de sa vie." Mais ce sont là des épanchements trop intimes pour que nous ayons à nous y arrêter ici et surtout à en entretenir le public. Nous laissons également de côté les nombreux détails que les *Souvenirs* nous communiquent en cet endroit sur les quatre enfants de l'auteur, et sur ses onze frères et sœurs, nés successivement au presbytère de Kunheim. Ce ne sont pas des renseignements généalogiques que nous cherchons dans notre manuscrit.

„.... Je reviens — (et nous y revenons avec l'auteur) — aux faits qui me concernent personnellement. Pendant qu'on célébrait des fêtes à la Cathédrale comme Temple de la Raison, je fus chargé trois fois par l'administration municipale de tenir des discours (le 20 ventôse, 20 germinal et 20 messidor an VI). Ayant donné à ces discours une tendance morale, je reçus des éloges de la part des gens raisonnables. Quelques aristocrates me blâmèrent, ne songeant pas qu'en qualité d'employé je ne pouvais pas refuser ce service à l'administration. Ces trois discours ont été imprimés aux frais de la ville (1).

„Le 1er messidor an VIII (1800) je fus chargé par le maire de classifier les revenus de la Ville et d'en former des sommiers.... Le 16 germinal an IX (1801) je fus placé au bureau de la recette de la Ville, pour faire la perception des revenus patrimoniaux de la Ville, avec le traitement de chef de bureau, place que j'occupe encore.

„Pour améliorer mon sort, j'ouvris le 21 octobre 1800 une école pour les industriels. Je ne tardai pas à trouver douze élèves. Je continuai cette école pendant environ trois ans, pendant lesquels j'ai formé plusieurs bons et braves citoyens.

„Lorsqu'il s'agissait en 1805 d'établir à Strasbourg une Ecole de droit, M. Koch, professeur et député du Bas-Rhin, m'engagea à étudier le droit naturel, avec la perspective d'obtenir cette chaire à la nouvelle Ecole. Mais

---

(1) Voy. mon *Histoire de la Cathédrale pendant la Révolution*, p. 613-614, où l'on trouvera les titres détaillés de ces brochures.

Napoléon, ennemi juré des idéologues, laissa cette chaire vacante, il ne voulait pas que l'on raisonnât sur le droit. Je me bornai à donner quelques cours particuliers sur cette science, pour pouvoir me présenter avec quelque avantage, au cas qu'il y eût une nomination pour la chaire vacante. Mes espérances furent trompées. M. Koch me proposa dans la suite d'accepter une chaire de droit civil, mais n'ayant jamais étudié les lois positives, j'aurais cru me rendre coupable de présomption, ou même m'exposer à la risée, si j'avais consenti à cette proposition. Mais lorsque je vis quels hommes ont obtenu ces places, je regrettai souvent de n'avoir pas eu plus de hardiesse. Cependant je fus nommé membre du Conseil d'enseignement de l'Ecole de droit, qui cessa ses fonctions peu de mois après......(1).

„Renonçant à l'espérance d'obtenir une place de professeur, je pris la résolution de donner des leçons à des demoiselles. Ce projet réussit au delà de

---

(1) En même temps Aufschlager offrait de faire, comme agrégé libre, des cours d'histoire et de latin à l'Académie protestante, qui rouvrait ses salles. Mais il y avait peu d'étudiants, ils étaient pauvres, et Aufschlager ne trouva point d'auditeurs.

mes espérances. J'ai eu la satisfaction d'instruire un grand nombre de jeunes personnes qui appartiennent aux familles protestantes les plus respectables. Pendant plusieurs années je donnais aussi des leçons de géographie et d'ethnographie à l'Ecole du Dimanche (*Sonntagsschule*), au Gymnase protestant (1). Le 18 juillet 1810, je fus enfin chargé de donner au Gymnase supérieur six leçons de latin, en expliquant Virgile et Horace.

„Peu de temps après mourut M. Hervé, receveur municipal. Je remplis ces fonctions, depuis le 27 juillet jusqu'au 19 octobre 1810, où M. Kampmann, mon ami, me succéda.... J'aurais pu concourir pour cette place, mais j'en craignais la responsabilité et je ne voulais pas hasarder le cautionnement, qui est de 80.000 francs.

„En 1811, j'établis mon jardin, situé hors la porte Blanche (porte Nationale), et j'y fis bâtir une maison de campagne. J'y ai passé avec ma famille bien des jours agréables et ma santé s'affermit par le bon air que j'y respirais. En 1815 je fus nommé secrétaire de la So-

---

(1) Nous dirions aujourd'hui des cours d'adultes (*Fortbildungsschulen*).

ciété Biblique de Strasbourg, fondée
en 1805, par le zèle de M. Blessig. En
1817 le recteur, M. Levrault, me
nomma membre du Comité cantonal
(Nord) pour l'instruction primaire, lequel me choisit pour son secrétaire....„

Durant cette même année 1817 Aufschlager conduisit son fils Frédéric à
Genève, „pour lui faire apprendre à
fond la langue française„ au pensionnat
Humbert (1). Il profita de l'occasion
pour faire un voyage pédestre avec ses
deux amis, Kampmann et Plarr, à tra-
vers le Jura et l'Oberland bernois,
qu'on ne parcourait point alors en funi-
culaire, ni même en voiture. Lauter-
brunnen et la Wengernalp, Grindel-
wald et la Scheideck, le Simmenthal et
le col de Balme, Chamouny et Genève
virent successivement nos touristes
émerveillés, qui, pendant dix-sept jours
de marche, jouirent toujours d'un temps
superbe.

„Le 23 février 1819, après la retraite
de M. Emmerich fils, j'obtins sa place

---

(1) Il devait aller, en 1820, comme pasteur adjoint à Paris, où il séjourna plusieurs années.

au Gymnase, comme professeur de la langue latine. M. Fritz, directeur du Gymnase, m'ayant honoré de son amitié et de sa confiance, j'eus le bonheur de l'engager à faire plusieurs améliorations dans cet établissement. Sur ma proposition, on introduisit une leçon de dessin, l'enseignement des antiquités romaines et de la mythologie, des principes du stile, et des exercices dans la composition de divers genres et dans la déclamation. A l'aide de mes amis et de quelques souscripteurs je formai un petit cabinet d'histoire naturelle à l'appui des leçons de géographie. Enfin je composai divers livres élémentaires qui furent introduits au Gymnase et dans plusieurs écoles primaires...

„M. Bautain, professeur à la Faculté des lettres, étant tombé malade, je fus chargé par la Faculté des lettres de donner à l'Académie un cours de logique pendant le semestre d'été; je m'en acquittai aussi bien que la brièveté du temps me le permit. Je fus pris à l'improviste et n'eus que peu de temps pour me préparer...."

Cette suppléance du jeune professeur, déjà célèbre, mais qui devait faire bien plus de bruit encore quelques années plus tard, par son entrée dans les ordres (1), fut le point culminant de la carrière d'Aufschlager dans l'enseignement. Presque au même moment il crut enfin arriver à une chaire de morale au Séminaire protestant et ses collègues le demandaient comme directeur du Gymnase. Mais des obstacles inattendus, des rivalités imprévues le découragèrent et surtout il ne put se décider à quitter les fonctions qu'il occupait depuis un quart de siècle à la recette municipale, et auxquelles on lui demandait, assez naturellement, de renoncer, s'il tenait à obtenir l'une des positions vacantes mentionnées plus haut. Il déclara „donc nettement qu'il ne prétendait à aucune promotion“ et depuis lors, vécut „tranquillement dans ses classes et son bureau, tout content de son sort“, en véritable philosophe. Quelques voyages au dehors vinrent seuls encore interrompre cette existence désormais paisible et régulière. Son

---

(1) On sait que l'abbé Bautain est mort plus de quarante ans après, vicaire-général de l'archevêque de Paris.

beau-frère Gnilius étant mort à Genève
en 1821, il fit une seconde fois le
voyage de Suisse, visita le domaine de
Necker et de Mme de Staël à Coppet et
fit le pèlerinage de Ferney, en l'honneur de Voltaire. L'année suivante, il
risqua avec ses enfants et plusieurs de
ses amis, MM. Frantz, Willm, Jung et
Kampmann, le voyage de Paris; il y
resta près d'un mois et poussa jusqu'au
Havre, où „nous montâmes aux phares
et nous régalâmes d'huîtres et d'autres
productions marines.“ En automne 1824,
il revint en Suisse avec sa fille, visitant
surtout les cantons septentrionaux et
tout fier de voyager durant quelques
jours avec „le célèbre Ebel“, l'auteur
du *Manuel du voyageur en Suisse*, qui
leur donna „une infinité de détails ins-
tructifs“.

En 1825 le vieux *régent* du Gymnase
— on les appelait encore ainsi, à cette
époque, quand on n'employait pas le
mot allemand *Magister* — quitta le logement de la rue des Veaux qu'il avait
si longtemps occupé, pour s'installer
dans le vaste immeuble, rue de la

Toussaint, nº 8 (1), où son fils Frédéric, revenu de Paris, „s'était proposé d'ériger un pensionnat, attaché au Gymnase, avec autorisation du Directoire de la Confession d'Augsbourg", en d'autres termes un Internat dont les pensionnaires suivraient les classes de la vieille école strasbourgeoise.

C'est là que le 3 août 1830, au milieu des troubles causés par la révolution de Juillet, il maria sa fille Emilie, décédée il y a deux ans seulement, à son cousin Charles-Auguste Schuler, l'habile graveur en taille douce, dont le nom n'est pas oublié parmi nous. C'est là aussi que, le 8 décembre 1833, il s'éteignit lui-même, satisfait d'avoir fourni une carrière utile bien que modeste, et reconnaissant envers la Providence de ce qu'elle avait fait pour lui et pour les siens (2). Aujourd'hui que chacun s'acharne fiévreusement à jouir, et que la curée sociale est plus

---

(1) Ancien jardin Flach; l'Institution Aufschlager y est restée jusqu'en 1854.

(2) Voy. *Zum Andenken an Johann Friedrich Aufschlager*, Strassburg, Heitz, 1833, 8º.

âpre que jamais, il est bon de relire des paroles comme celles qui terminent les *Souvenirs* d'Aufschlager, et qui sont d'un vrai sage :

„.... Malgré ces revers je dois la plus grande reconnaissance à mon Père céleste pour les bienfaits infinis dont il m'a comblé. J'ai toujours joui d'une bonne santé, ainsi que les miens ; mes enfants ont bien réussi, ils ont acquis des connaissances solides, et sont toujours restés dans le chemin de la vertu. J'ai toujours eu un revenu suffisant pour vivre honnêtement et pour pouvoir faire encore du bien aux pauvres, et pour aider des personnes qui se trouvaient dans le besoin. Je ne suis pas parvenu à de hautes dignités (vaine fumée !), mais j'ai eu plusieurs places honorables que j'ai tâché de remplir avec zèle et fidélité. Franc et loyal de procédés, j'ai toujours haï l'intrigue, un peu timide depuis ma jeunesse, par suite de mon éducation, je ne me suis pas lancé dans les voies de l'ambition... Sans me refuser des plaisirs innocents de la vie sociale, j'ai trouvé assez de loisirs pour être utile à mes concitoyens ; j'ai beaucoup travaillé, mais sans excès, trouvant toujours assez de temps pour des occupations utiles par l'habitude de ne jamais différer un travail qui m'était. donné ou que je m'étais imposé... C'est ainsi que mes jours se sont écoulés jusqu'à présent d'une manière paisible et agréable. Dieu en soit loué!"

V.

Nous avons déjà dit que le nom de J. F. Aufschlager était surtout attaché, dans la mémoire de la génération présente, à sa description historique et topographique de l'Alsace. Mais il a composé en outre un assez grand nombre d'ouvrages scolaires fort appréciés, il y a soixante-dix ans, et naturellement oubliés aujourd'hui sous le flot montant des productions analogues. Je doute fort qu'il y ait encore en vie un écolier d'alors, se souvenant d'avoir appris ses poésies allemandes et françaises dans Aufschlager, comme nous autres, qui avons dépassé la cinquantaine, nous nous rappelons les *Lectures françaises* de Willm ou le *Lesebuch* de Bœgner, également ignorés de la jeunesse actuelle. Il a consigné lui-même la liste de ses travaux littéraires dans une page que nous empruntons à ses *Souvenirs*.

„J'ajouterai encore une notice sur les petits ouvrages que j'ai fait imprimer. Je fis mon premier essai d'auteur en fournissant quelques articles au *Patriotisches Sonntagsblatt*, publié en 1792, sous la direction de Blessig. Ils sont signés R. (1). Une bonne partie du *Lesebuch für Schulen*, imprimé chez Schuler, est de ma composition, notamment l'anthropologie et les autres parties philosophiques. Mon ami, le pasteur Jonas Bœckel, ayant senti avec moi la nécessité de composer une arithmétique usuelle, m'engagea à rédiger ce livre qui a été publié sous le titre *Anleitung zur Rechenkunst für das gemeine Leben*, en 1810. La troisième édition, enrichie des éléments de la géométrie, a paru sous le titre *Elsässisches Rechenbüchlein* (1828).

---

(1) C'était une feuille *constitutionnelle* ou libérale modérée, qui fut supprimée après le dix août 1792. « Je ne tirai pas d'autre profit de cette collaboration, dit A. dans la version allemande de ses *Souvenirs* (qui renferme quelques détails supprimés dans l'autre), que celui de contribuer pour 36 livres aux frais d'impression du journal. Singulière façon de régler les honoraires! »

„Nommé professeur au Gymnase, mon premier soin fut de composer divers ouvrages élémentaires à l'usage des élèves de cet établissement, savoir :

Lectures françaises, instructives et amusantes (1808).

Anfangsgründe der Erdbeschreibung.

Principes de la grammaire française à l'usage des Allemands, avec des thèmes (1811. — 4ᵉ édit. 1830).

Uebungsstücke zum Uebersetzen aus dem Deutschen in's Französische.

Blumenlese aus den besten deutschen Dichtern (1813. — 2ᵉ édit. 1826).

Lesestücke aus den besten deutschen Prosaïkern (1821).

Uebungsstücke zum Uebersetzen aus dem Deutschen in's Lateinische, 1ᵗᵉʳ *u.* 2ᵗᵉʳ *Cursus* (1814).

Petit tableau de Strasbourg, ou notices hist. et topographiques.

Elémens de la grammaire latine (1826).

Le petit traducteur du français en allemand (1829).

„J'ai publié en outre un abécédaire pour faciliter la lecture française d'après la méthode phonétique (1812)... (1).

---

(1) Dans son texte allemand Aufschlager ajoute encore à cette liste : *Grundsätze der Dichtkunst* (1813), et *Das Leben Heinrich's des Vierten;* sa famille nous a communiqué récemment ce dernier

„Le principal ouvrage que j'ai publié, c'est *L'Alsace, ou description historique et topographique des deux départements du Rhin, en deux volumes, avec cartes et planches lithographiées* (1). J'en ai fait un extrait pour le *Manuel du voyageur le long du Rhin* par Aloyse Schreiber, librairie Engelmann à Heidelberg. J'ai traduit de l'allemand en français le *Nouveau manuel du voyageur le long du Rhin*, par A. Schreiber, publié en 1832. Engelmann paraît avoir fait revoir cette traduction par M. Henry, sous le nom duquel elle a paru" (2).

Outre ces travaux scientifiques et pédagogiques Aufschlager paraît avoir également „sacrifié aux Muses", comme on disait encore de son temps. J'ignore si l'une ou l'autre de ses poésies ont été publiées dans quelque recueil contem-

---

alsatique; tous les autres ouvrages scolaires se trouvent à la Bibliothèque Municipale. A. déclare aussi avoir collaboré au journal religieux de Jung, *Timotheus* (1821—23).

(1) Strasbourg, Heitz, 1825—1828, in-8°. M. de Golbéry en fit un éloge très mérité dans un article du *Bulletin des Sciences historiques* de Férussac, en mars 1825.

(2) Il a aussi retravaillé le *Dictionnaire des deux nations* (franç.-allem. et allem.-franç.), édité par Kœnig, à Paris.

porain, mais elles ont en tout cas circulé dans un cercle plus intime, car j'en ai découvert quelques-unes dans une *Anthologie* manuscrite, recueillie par ma grand'mère il y a bien plus d'un demi-siècle. L'une d'elles est intitulée *Hohenburg*, et est un dithyrambe au Créateur, provoqué par la vue de l'admirable paysage couronné par les ruines de Sainte-Odile ; elle date de 1798 et l'auteur avait alors trente-deux ans. Si les idées ne sont pas absolument neuves, le rythme des strophes est harmonieux, la langue pure et le tout rappelle un peu les élégies de Matthisson, alors à l'apogée de sa célébrité littéraire. Une espèce de ballade, *Die Aussicht*, raconte la naissance de Rodolphe de Habsbourg, sans atteindre, je dois le dire, même de loin, aux modèles classiques. Plus curieuse, au point de vue des sentiments, sinon des vers, est un hymne *à Napoléon vainqueur*, datant de 1805, et célébrant le héros d'Austerlitz, comme le champion invincible des Gaules, triomphant de toutes les coalitions. Maintenant qu'il a écrasé ses adversaires, le poète le prie de donner la paix à l'univers ; „que, nouvel Auguste, il nous ramène l'âge d'or et tous, dans nos cœurs fidèles, nous lui érigerons un monument impérissable !“ On voit que, tout philosophe qu'il était, notre auteur a été saisi, lui aussi, de cette fièvre d'admiration pour le „Corse à cheveux plats“, qui n'entraîna la France si haut et si loin que pour l'écraser ensuite d'une chute plus profonde.

Parmi les papiers d'Aufschlager, conservés par sa famille, se trouve enfin un manuscrit d'une vingtaine de pages, qu'on a bien voulu me communiquer également, et dont la lecture m'a donné tout d'abord l'idée de rédiger cette notice. Il est intitulé *Mon temps, esquisses morales de la ville de Strasbourg*. C'est une série de six tableaux, fort courts d'ailleurs, offrant comme un résumé la situation morale de notre ville aux différentes époques de la vie du professeur strasbourgeois. L'idée en elle-même est originale, et, bien que les appréciations personnelles de l'auteur puissent être contestées à certains égards, et le seront sans doute, ce petit résumé de l'histoire de la civilisation strasbourgeoise pendant une soixantaine d'années mérite qu'on l'arrache à l'oubli, et qu'on conserve le témoignage d'un contemporain, d'autant qu'ils ont été rares en tout temps, les Strasbourgeois de vieille roche qui se sont donné la peine de noter leurs impressions personnelles. On a beaucoup écrit sur nous, rien que depuis un siècle ; on continue, plus que jamais, à faire de nous un sujet favori de dissertations philosophiques ou historiques, mais dans cet amas énorme d'études intéressées et de jugements contradictoires, je n'en vois pas un bien grand nombre émanant du sol natal et qui aient la vraie saveur du terroir. J'espère donc qu'on accueillera les *Esquisses* de Jean-Frédéric Aufschlager avec un intérêt sympathique et comme le résumé d'une vie d'observations attentives, de la part d'un homme intelligent et calme, sur les hommes et les choses qu'il avait sous les yeux. Peut-être engageront-elles quelque citoyen émérite du Strasbourg actuel à en continuer la série. De 1832 à 1892 les matériaux ne manquent pas, assurément, ni les changements non plus. Mais peut-être le futur historien serait-il mieux avisé en laissant s'écouler une nouvelle période d'une soixantaine d'années, avant de confier à la presse ses impressions véridiques et sincères. En attendant son manuscrit, nous allons toujours donner celui d'Aufschlager.

MON TEMPS

Esquisses morales de la Ville de Strasbourg.

PREMIÈRE ESQUISSE
1774—1789

„A mon arrivée à Strasbourg la paix la plus profonde règne dans cette ville et dans le royaume entier. La lutte des Américains pour la liberté est le seul objet important qui occupe les esprits. Les noms de Washington, de Franklin, de La Fayette retentissent au loin; on félicite les Américains de leurs succès, mais on ne pense pas encore à les imiter.

„La cérémonie funèbre à l'occasion de la mort de Louis XV est la première fête publique qui fixe mon attention et me fait sentir le néant des grandeurs humaines. On fait l'éloge de Louis XVI et de sa jeune et belle épouse, qui, à son passage par Strasbourg en 1770, avait enchanté tous les habitants de cette ville. On peint la Cour comme le séjour des demi-dieux. Les agents du pouvoir, le gouverneur

et l'intendant d'Alsace, le Préteur royal
jouissent de la plus grande autorité.
Tout le monde se courbe devant eux.
Ils sont soutenus par une forte garnison
dans laquelle brillent surtout les régi-
ments d'Alsace et de Darmstadt, com-
mandés par les princes Maximilien de
Deux-Ponts et Frédéric de Darmstadt,
propriétaires de deux beaux palais, aujourd'hui Hôtel du commandant de la
5e Division et Hôtel-de-Ville.

„En 1777 le monument du maréchal
de Saxe est érigé dans l'église de Saint-
Thomas. Rien ne surpasse la pompe
étalée à l'occasion du transport du
corps du maréchal de l'église du Temple-
Neuf dans celle de Saint-Thomas. M.
Blessig brille par son talent oratoire en
prononçant l'éloge du maréchal en pré-
sence de toutes les autorités civiles,
militaires, ecclésiastiques et de la prin-
cesse Christine, parente du comte de
Saxe.

„Grâce à la capitulation de 1681, la
ville jouit encore de tous ses anciens
droits et privilèges. Les XIII, les XV,
le sénat et les XXI forment le Magis-
trat, avec des attributions différentes.
Tous sortent de l'élection du peuple,
qui est divisé en vingt tribus, présidées
chacune par un chef (*Oberherr*) des

échevins. Il n'y a que peu de familles nobles qui fournissent les *Stettmeister*. L'administration municipale est toute républicaine. L'*Ammeister* est le juge pour les petites affaires ; la justice se rend à peu de frais. Les citoyens sont heureux et contents. Une certaine aisance règne partout ; point d'énormes fortunes, mais aussi peu de mendiants. De nombreuses institutions bienfaisantes soutiennent l'indigence.

„Les mœurs sont simples, les repas sans recherche. Le costume des magistrats est un habit noir, un manteau, un rabat et une épée. L'habit des hommes et des jeunes gens est un habit français, les personnes titrées et les étudiants portent l'épée, les cheveux sont frisés et poudrés. Seulement les femmes des magistrats et des grandes familles s'habillent à la française, les autres ont un habit à l'allemande, leur tête est couverte ou d'une coiffe (*Zughaube*) ou d'une toque d'or ou d'argent (*Schneppenhaube*) ; les filles portent des tresses nouées sur le sommet. Les riches se parent de diamants et de perles. Peu de personnes se servent de voitures. On ne connaît pas les appartements luxurieux (*sic*) et de riches ameublements dans les maisons des particuliers.

Les meubles sont de bois de sapin, de chêne ou de noyer.

„Les opinions religieuses dominent presque tous les esprits. Chaque dimanche on fréquente l'église au moins une fois, souvent deux fois. Aussi l'éducation est religieuse. On astreint les enfants à bien savoir leur catéchisme et les principaux passages de la Bible, et à faire leur prière le matin, le soir et à table. La jeunesse ne fréquente guère les bals publics. On s'amuse à fréquenter les promenades ou à jouer chez soi des jeux de société ou de petits jeux. On ne connaît pas les thés, le punch, les glaces et ces rafraîchissements dispendieux qu'on sert avec profusion dans nos soirées. Un gâteau, un *Kugelhopf*, du fromage, du fruit, du vin et de la bière, voilà le régal de ces temps heureux.

„La langue est généralement l'idiome strasbourgeois. On ne parle français qu'aux Français, mais avec quel accent et avec quels germanismes! La majorité des bourgeois ignore absolument cette langue. On appelle les Français avec mépris les Welches; on les déteste même. Une fille aurait compromis sa réputation en parlant avec un officier ou avec un soldat français.

„L'Université avec un petit nombre
de professeurs (16 à 18) jouit d'une
haute réputation. La plupart des cours
se donnent en latin. Seulement, dans
les dernières années de cette période,
quelques professeurs se servent de la
langue allemande ou de la langue française. On soutient les thèses pendant
trois heures en latin. Les belles-lettres
sont tout à fait négligées. Blessig et
Haffner leur donnent la première impulsion. Peu d'étrangers fréquentent
les cours de philosophie et de théologie;
les facultés de jurisprudence et de mé-
decine comptent un grand nombre d'ex-
ternes. La vie des étudiants est en général assez réservée et plusieurs d'entre
eux se distinguent par leur savoir. En
hiver on se réunit en cercles, en été
on se promène, on visite soit un jardin
public, soit un village voisin, où l'on
prend un verre de bière et fume sa
pipe.

„Les beaux-arts sont cultivés avec
peu d'ardeur; les maîtres-maçons et les
maîtres-charpentiers sont les architectes.
Point de sculpteurs artistes. Melling
est le seul peintre distingué. Weis et
Christophe Guérin sont connus comme
bons graveurs en taille douce. La musique reçoit une grande impulsion par

Pleyel. Le théâtre est médiocre; de temps en temps on voit un acteur célèbre de la capitale. Dans le théâtre allemand les troupes de Dobler et de Koberwein attirent assez de monde. Les *Meistersänger* ont encore leurs réunions à la Tribu de la Lanterne.

„Les deux cultes, catholique et luthérien, vivent en bonne harmonie; le premier domine et étale une grande pompe dans les processions. Le culte réformé est relégué à Wolfisheim; peu avant la Révolution il obtient la permission d'élever un oratoire en ville. Les Juifs sont entièrement bannis. La seule maison de Cerf-Beer, banquier, est tolérée. Le costume des pasteurs luthériens en fonctions est une robe plissée et une fraise en forme de roue autour du cou. L'élection des pasteurs se fait par toute la communauté, par les pères de famille, après un concours (*Aufstellung*) entre trois ou quatre pasteurs de campagne, désignés par le Convent ecclésiastique.

„L'instruction dans les écoles paroissiales est encore très médiocre. Elle se borne à la religion, à la lecture et à l'écriture, et aux règles de l'arithmétique. Cependant les livres de Rochow, de Basedow, de Campe et de Salzmann commencent à préparer une amélioration de l'instruction primaire (1). Le bâton et toutes sortes de corrections corporelles règnent encore dans les familles et dans les écoles.

„L'éducation dans les moyennes classes n'est pas encore dispendieuse. Les garçons protestants fréquentent le Gymnase, les catholiques le Collège. Les filles vont à l'école, ou chez une dame, où elles apprennent à tricoter et à jaser un peu en français. La musique est presque inconnue dans les familles bourgeoises. Les élèves du Collège Saint-Guillaume la cultivent plus ou moins; ils sont obligés de chanter aux convois funèbres. La danse se borne à trois ou quatre mois de leçons. Les bals ne sont guère fréquentés que par des Français; on les regarde comme un lieu de corruption. Les bourgeois ne dansent qu'aux noces.

„Les environs de Strasbourg n'offrent que peu d'agréments. Ils n'étaient pas encore embellis par des campagnes et des jardins établis avec goût. En plusieurs endroits on voit des marais et des communaux sans culture. La Robertsau et le Contades sont les seules

----

(1) Célèbres pédagogues allemands de fin du XVIIIe siècle.

promenades. Il n'y a d'autres restaurations que les guinguettes et des maisons de boulangers où l'on débite aussi de la bière. Le dimanche, Schiltigheim est le principal lieu de divertissement pour les ouvriers et les artisans. Les comestibles sont à bon marché ainsi que toutes les autres denrées.

„Le commerce est florissant et les fabriques de tabac enrichissent plusieurs négociants. L'industrie n'éprouve pas d'entraves et n'est limitée que par les règlements des tribus, qui ne tendaient qu'à empêcher la superfétation des ouvriers et à maintenir la police à l'égard des compagnons et des apprentis."

SECONDE ESQUISSE

1789—1793

„Les plaintes sur la dépravation de la cour et sur le mauvais état des finances deviennent plus alarmantes, la nécessité d'une réforme est profondément sentie. La politique devient un objet de discussion parmi tous les gens instruits. L'Assemblée nationale est convoquée; tous les esprits sont attentifs à ses discours, à ses opérations;

4

elle fait plus qu'on n'en avait attendu. Le tiers-état est plein d'enthousiasme, aux cris de la liberté. Les obstacles opposés par les nobles et le clergé sont vaincus et l'on espère se reposer sous le gouvernement constitutionnel. Les deux premières années de la Révolution se passent tranquillement et avec gloire. La classe la plus nombreuse est en général contente.

„La Révolution commence à Strasbourg par le sac de l'Hôtel-de-Ville, au Marché-aux-Herbes, sous la protection de la troupe commandée par Klinglin. Je n'en suis pas témoin, étant à Dorlisheim. Le lendemain je reviens en ville. Le marché est couvert de registres et de papiers jetés dans la rue par la populace. Des patrouilles parcourent les rues. Tout le monde est dans la plus grande inquiétude; Lemp, ammeistre, et Mogg, XV, sont surtout des objets de haine et de vengeance. Dietrich, commissaire du gouvernement, rétablit le calme; il est à la tête de l'administration, tous les anciens magistrats cessent leurs fonctions. Un nouvel ordre de choses succède dans toutes les parties à l'ancien.

„Les nouvelles lois de l'Assemblée nationale sont accueillies avec étonnement et avec enthousiasme. Les nobles, les prêtres et les fanatiques sont terrassés. Malheureusement les criailleurs des Sociétés populaires troublent bientôt l'union des soi-disant patriotes. On se partage en *Jacobins* (exagérés), Monet, Schneider, Laurent, Bentabole, Jung, etc., et en *Feuillants* (modérés), Dietrich, Burger, Ulrich, Albert, etc. J'évite les uns et les autres, ennemi de toute faction; le repos des individus comme celui de la patrie est également compromis.

„Les émigrations commencent; les fanatiques, excités par les prêtres, entretiennent des correspondances suspectes et s'efforcent d'amener une contre-révolution. La nouvelle organisation du clergé prépare de grands troubles; quelques prêtres se marient et prêtent le serment civique; le plus grand nombre refuse ce serment et souffle le feu de la discorde; cependant on espère encore vaincre ces obstacles. Les citoyens actifs se réjouissent d'élire la nouvelle municipalité et de mettre à sa tête Dietrich comme maire.

„La Fédération de 1790 est une fête unique, où règnent le patriotisme, la liberté et l'union. Des gardes nationaux de plusieurs départements voisins arrivent par députations et sont logés pendant trois jours dans les maisons des citoyens. C'est la plus belle fête que j'aie jamais vue. De beaux sentiments et de grandes idées y président. Comme garde national j'y prends une part active. Tous les hommes éclairés sont enchantés des progrès des lumières et de la liberté. Ils espèrent que les nuages orageux se dissiperont avec le temps et par la fermeté de l'Assemblée nationale. On regarde la fuite du roi comme un épisode et l'on croit que l'adoption de la Constitution de 1791 par le roi, mettra fin aux dissensions. Vain espoir !

„La liberté illimitée de la presse produit une quantité innombrable de pamphlets, de brochures, de satires, dans lesquels les partis se déchirent ou s'animent. Quelques prêtres allemands, tels que Schneider, Déréser, Dorsch, étonnent par leurs prédications hardies et éloquentes. Dorsch espère une seconde réformation. Ils prêchent à des oreilles sourdes. Les protestants seuls les goûtent, les catholiques ne sont pas à la hauteur pour les comprendre, le préjugé les domine. Parmi ces prêtres Schneider ne tarde pas à se faire distinguer par ses violentes déclamations contre Dietrich et ses adhérents. Il se forme autour de lui une cohorte de violents Jacobins qui, par leurs cris, préparent des évènements sinistres.

„La dépréciation des assignats commence à peser sur les fortunes et indispose beaucoup de capitalistes, pendant que les acheteurs de biens nationaux s'enrichissent.

„Un grand nombre de Français de l'intérieur afflue à Strasbourg. Ils occupent bientôt les places les plus importantes. La langue et les mœurs françaises commencent à se répandre dans la haute société! L'ancien costume strasbourgeois disparaît; les dames s'habillent à la française.

„Quelque suspecte que fût la cour, les événements du 10 août 1792 effraient les bons Strasbourgeois et leur font appréhender un triste avenir. On désapprouve presque généralement la conduite du corps législatif dominé par les Jacobins. Trop éloignés de la scène de ces événements, nous sommes obligés de laisser faire et de nous soumettre à la nécessité. Les députations et les adresses n'ont aucun succès.

„La guerre éclate. Les jeunes Strasbourgeois pleins d'enthousiasme volent à la défense de la patrie. Sur la terrasse du Palais est érigée une estrade. Une foule de jeunes gens des meilleures familles s'y pressent pour se faire enrôler comme volontaires. Malheureusement la plus grande partie des jeunes guerriers sont enfermés dans le Fort-Louis, où ils sont faits prisonniers par les Autrichiens. Mon frère Chrétien est de ce nombre. Les uns sont conduits en Hongrie, les autres prennent la fuite en passant par le pays de Wurtemberg, où on les traite avec une extrême humanité. Mon frère est de ces derniers et retourne par la Suisse à Kunheim, où il meurt peu de mois après de la phtisie, qu'il s'était attirée pendant sa fuite, par l'échauffement suivi d'un refroidissement.

„Pendant la durée de l'Assemblée législative, la ville de Strasbourg et le département du Bas-Rhin sont assez tranquilles. Il n'y a que la lutte des partis. Les Jacobins, composés pour la plupart d'hommes étrangers à la commune, s'agitent en tout sens pour obtenir des députés exaltés pour la Convention et pour s'emparer peu à peu de toutes les places.

„On entend avec satisfaction proclamer la République, mais, les Jacobins exceptés, tous les bons citoyens désapprouvent le procès intenté à Louis XVI et le jugement sanguinaire rendu à son égard. Dès lors tout prend une autre face."

TROISIÈME ESQUISSE

1793—1799

„L'énergie horrible de la Convention inspire de l'audace aux Jacobins de Strasbourg et l'approche de l'ennemi force même les citoyens les plus paisibles de concourir à la défense de la patrie et à montrer du courage. Aucun sacrifice ne leur coûte; on se soumet avec calme aux dispositions sévères des lois et aux ordres souvent arbitraires des représentants du peuple envoyés dans les départements. On agit et on laisse faire, le salut de la patrie est la pensée dominante de tous les bons citoyens. (Voyez la collection des documents, dite *Das Blaue Buch*) (1).

„Les administrateurs élus par le

---

(1) Le *Livre bleu*, recueil de pièces authentiques sur le règne des terroristes à Strasbourg, publié par Ulrich, d'accord avec la Municipalité thermidorienne, s'appelle ainsi à cause de sa couverture de couleur bleue.

peuple sont destitués, d'autres sont nommés au gré des Jacobins ; ceux-ci sont souvent remplacés par d'autres plus violents. Le règne de la Terreur commence à s'appesantir sur la ville.

„Cours forcé des assignats sous peine de mort ; échange des matières d'or et d'argent contre du papier-monnaie ; maximum ; dons et réquisitions énormes de denrées et d'effets d'habillement ; monter la garde tous les trois jours ; faire le service de la garnison ; emprisonnements arbitraires, exécutions sanglantes à la place d'Armes ; la guillotine en permanence, un tribunal révolutionnaire à la disposition de Schneider et de quelques misérables ; clôture des églises pendant dix-huit mois ; culte de la Raison ; abolition de l'ancien calendrier, introduction d'un nouvel almanach républicain, avec des fêtes décadaires pour la plupart absurdes ; désorganisation de l'instruction publique ; incarcération des professeurs ; tutoiement de tout le monde sans distinction : citoyen, citoyenne ; salut et fraternité, seule courtoisie dans les adresses ou les lettres. Langage et mœurs rudes, cheveux coupés, habillement simple et quelquefois malpropre ; sansculotte, sobriquet honorable ; en

1794 famine, distribution du pain de section, de viande, de lard, de chandelles et d'autres denrées sur cartes; certificats de civisme délivrés par le cordonnier Jung, officier municipal, dans une baraque devant le Palais: voici quelques-uns des principaux phénomènes pendant le règne de la Terreur qu'on observe à Strasbourg et ailleurs.

„Détestant tous ces excès révolutionnaires, je me tiens à l'écart de toute association; j'évite même la conversation avec les Jacobins. Tranquille observateur, je cherche à augmenter ma connaissance des hommes. Ce n'est qu'après la chute des terroristes au 9 thermidor, que j'accepte une place d'employé à la Mairie. Le cruel et perfide Monet, chef principal des horreurs commises à Strasbourg, avait disparu. Schneider avait laissé sa tête sur l'échafaud à Paris. Heureusement il n'a pas été versé tant de sang à Strasbourg que dans d'autres grandes villes de France. Les exécutions les plus révoltantes furent le supplice du pasteur Fischer, de Dorlisheim, qui avait lâché quelques propos imprudents, et celui de Rausch, receveur du prince de Darmstadt, qui avait envoyé des fonds à son prince.

„L'arrestation du sanguinaire Schneider, en tournée avec la guillotine, et
nouvellement marié, produit un grand
étonnement. Sans que personne en soit
instruit, on le voit un beau matin exposé à la guillotine, pour être ensuite
transféré à Paris. On se regarde, on se
demande si la chose est vraie, on ose à
peine se porter à la place d'Armes pour
s'en assurer, tant on craint son regard
farouche. Dès lors on respire ; le 9 thermidor met fin aux excès ; les vexations
ne cessent que deux ou trois mois après.

„Nulle époque de la Révolution ne
me paraît plus instructive que le temps
de la Terreur. On a vu les hommes
sous toutes les faces, énergumènes de
la liberté et de l'égalité, vrais, fourbes,
imbéciles ; dévoués, généreux, traîtres ;
courageux, timides, pusillanimes ; com-
patissants, bienfaisants, avides ; des pa-
resseux enrichis avec rapidité ; des riches tombés dans la plus grande dé-
tresse ; des hommes du peuple arrivés
aux plus hautes dignités ; des grands
exposés au mépris, à l'insulte ; des noms
tout nouveaux figurent au premier rang,
d'anciens noms disparaissent et sont
oubliés ; beaucoup de fortunes éphé-
mères, beaucoup d'éclat passager, beaucoup d'ambitieux promus à l'échafaud.

Quel tableau, si je voulais y placer les individus! Toutes les âmes sont remuées, toutes les positions attaquées, toutes les existences ébranlées ou bouleversées.

„La Convention donne à la France la Constitution de l'an III, basée sur des principes vraiment républicains. Je ne doute pas que la France ne puisse être heureuse par cette Constitution, mais la faiblesse du pouvoir exécutif, partagé entre cinq directeurs, pas également propres au gouvernement, devait amener sa chute. Au commencement on se ressent encore des palpitations du terrorisme; peu à peu on jouit d'une certaine liberté. Le papier-monnaie disparaît; le crédit revient; les fournitures pour l'armée mettent beaucoup d'argent en circulation; les victoires de Bonaparte et de Moreau répandent une joie générale. On commence à exprimer dans les petites réunions le vœu que le vainqueur d'Italie s'empare du gouvernement; le 18 brumaire de l'an VIII le met entre ses mains. On voit tomber sans regret les cinq roitelets alternatifs et tous les cœurs sont pleins d'espérance.

„La liberté et l'égalité avaient régné jusqu'à cette époque. Les mœurs s'étaient adoucies, le tutoiement avait cessé; les nouveaux riches s'adonnent au luxe; les sciences et les arts sont cultivés avec ardeur et tout annonce la prospérité. On ne se plaint que de l'incapacité du gouvernement."

QUATRIÈME ESQUISSE
1799—1814

„Le gouvernement consulaire s'annonce sous les meilleurs auspices. On voit avec enthousiasme Bonaparte mettre un frein aux factions de l'intérieur et se faire craindre par les ennemis extérieurs. Mais les plus éclairés ne tardent point à redouter son ambition. Ils voient clairement les intrigues qu'il emploie pour augmenter son pouvoir et pour restreindre les libertés conquises au prix de tant de sang. Il éblouit la multitude par son faste et ses exploits militaires. Il s'attache toute l'armée par la gloire et par des distinctions accordées aux braves. Il se forme par là un rempart inexpugnable. Il arrive enfin à la dignité impériale et au pouvoir absolu. Cependant le peuple est content; les trésors enlevés à l'ennemi l'enrichissent;

les métiers, les arts, les sciences sont
dans un état florissant; l'empire s'agran-
dit sans cesse, les trophées se multiplient, toutes les têtes couronnées se
baissent devant l'empereur et recher-
chent son alliance. La vanité des Français est satisfaite; on ne murmure que
contre la conscription qui immole la
jeunesse par milliers et épuise la for-
tune des familles par les remplacements.
On souhaite enfin généralement la paix,
mais l'ambition de Napoléon respire la
guerre. Elle devient enfin la cause de
sa chute. Je n'entre pas dans de plus
grands détails; l'histoire les a consignés
dans ses annales, et je me borne à
peindre Strasbourg sous son règne.

„Depuis la Révolution, la prospérité
de cette ville n'a jamais été plus grande.
Tous les bras étaient en mouvement,
tous les artisans étaient occupés. Le
passage continuel des troupes produit
une activité étonnante. En partant, le
soldat se pourvoit des objets les plus
nécessaires, en revenant il prodigue
l'argent ou les objets précieux qu'il a
rapportés comme butin. L'Empereur
traverse lui-même deux fois la ville,
Joséphine y séjourne plusieurs semaines,
l'impératrice Marie-Louise y est reçue.
Des fêtes magnifiques mettent en cir-

culation des sommes immenses. Presque tous les grands généraux français passent successivement par Strasbourg et les troupes excitent l'admiration par leur tenue et l'esprit qui les anime. Le culte reprend sa splendeur et l'on jouit d'une entière liberté de conscience. Le clergé catholique est contenu dans de justes bornes, les Juifs, dont le nombre s'accroît, bâtissent une synagogue.

„L'administration se fait avec vigueur par des hommes du choix de Napoléon. Quelquefois elle se ressent du pouvoir arbitraire, surtout celle du préfet. La ville a le bonheur d'avoir successivement des maires et des adjoints dignes de respect et de confiance.

„Les immeubles augmentent en valeur. L'agriculture fait des progrès, l'industrie et les manufactures s'élèvent à un haut degré de prospérité. Le commerce est gêné par les douanes, mais il ne languit pas. Le monopole du tabac cause un grand mécontentement et prive la ville d'une branche très productive. Le monopole et les rigueurs de la conscription, et plus tard les droits réunis, sont les principaux sujets de plainte de la multitude. Elle ne se soucie guère de la gêne mise à la pensée. Elle ne songe qu'à ses intérêts matériels, qui, en général, sont satisfaits. De là cet attachement à Napoléon; de là cette joie excessive après son retour de l'île d'Elbe.

„La contrebande des denrées coloniales enrichit quelques maisons favorisées. Le luxe prend un nouvel essor, il se répand même dans la classe moyenne. Les mœurs françaises dominent partout; les thés, les bals, les soirées deviennent un besoin pour les bonnes familles. Les jeunes gens voyant une brillante carrière devant eux, se livrent avec ardeur à l'étude; l'éducation des filles devient plus brillante et plus solide; les pensionnats pour les jeunes demoiselles se multiplient et se remplissent. D'un autre côté le luxe du sexe empêche ou retarde les mariages dans les classes élevées. On recherche les grandes dots.

„Les arts et les sciences sont protégés, Strasbourg obtient une académie complète. La théologie et la philosophie sont le moins favorisées. Bonaparte appelle *idéologues* ceux qui les cultivent et les voue au mépris.“

CINQUIÈME ESQUISSE
1814—1830

„La chute de Napoléon remplit de tristesse le cœur des Alsaciens. De noirs pressentiments accompagnent le retour des Bourbons à la suite des ennemis de la France. On s'indigne des intrigues des faiseurs à Paris. Cependant on est bien aise d'avoir obtenu de Louis XVIII une charte qui conserve les bases des libertés publiques. Mais on murmure hautement contre les empiétements journaliers des nobles et du clergé, qui dévorent une grande partie du budget. Le parti-prêtre exerce partout sa funeste influence, l'hypocrisie obtient tous les avantages. Les Alsaciens détestent ce parti, qui trouve cependant de grands obstacles dans les sentiments libéraux, dans la franchise et la fermeté de la classe moyenne et des protestants. Les hautes classes se courbent ou plient, pour se maintenir, la populace seule s'attache aux prêtres et s'abandonne au fanatisme.

„On promène au grand scandale des gens éclairés une énorme croix de mission dans les rues et on l'érige devant la Cathédrale en face du palais royal.

Les cagots s'attendent au rétablisse-
ment complet du catholicisme, de son
pouvoir, de ses prérogatives et de ses
richesses. L'indignation des personnes
éclairées se manifeste sans réserve.
Heureusement la presse est restée libre
et entretient l'esprit public, en dévoilant
les menées de l'obscurantisme et de la
tyrannie.

„Au milieu de cette disposition des
esprits Charles X vient en Alsace pour
se populariser. On lui prodigue des
hommages, hommages de convenance
plutôt que de véritable affection. Il ac-
cueille les citoyens avec bonté, il fait
de belles promesses, mais il n'en tient
aucune.

„Le ministère Polignac détruit toute
affection pour lui et les ordonnances arbitraires du 25 juillet 1830 lui font
perdre le trône. Personne ne le regrette
que les prêtres, les fanatiques, les jé-
suites et les courtisans qu'il comblait
de faveur.

„Les protestants n'ont pas à se plain-
dre de Charles X. Pour pouvoir augmenter sans opposition le pouvoir et les
richesses du clergé catholique, il accor-
dait aussi toutes sortes d'avantages aux
ministres protestants. Mais qui sait si
après l'exécution des ordonnances de

juillet, la position des protestants n'eût 'pas changé! La mauvaise foi était à l'ordre du jour.

„Au reste l'agriculture est florissante, du moins autant que les impôts énormes le permettent. Les manufactures du Haut-Rhin éprouvent une violente secousse, le commerce languit. La liberté de la presse assure le progrès de toutes les sciences et protège les libertés publiques.“

SIXIÈME ESQUISSE

26 juillet 1830—1832

„Plusieurs journaux n'arrivent pas; d'autres crient au secours et annoncent qu'on se bat dans les rues de Paris. Dès le 27, plus de nouvelles de la capitale; la communication est interrompue; tout le monde attend avec impatience le dénouement du grand drame qui se joue.

„Le premier août on annonce la victoire. Les drapeaux blancs et les lys disparaissent et font place aux couleurs nationales. Quel triomphe! Quelle joie! Qui nous gouvernera?

„La souveraineté du peuple est de nouveau proclamée; quelques députés réunis à Paris s'en déclarent bien arbitrairement les dépositaires sous prétexte de nécessité. L'action du peuple avait cessé. Les doctrinaires, compères et patrons de la quasi-légitimité, s'emparent du pouvoir constitutif et proclament un Bourbon de la branche cadette, Louis-Philippe d'Orléans, roi des Français, et le recommandent comme *roi-citoyen*. Le peuple donne son consentement tacite ; les antécédents connus de la manière d'agir de ce prince inspiraient de la confiance. On s'attend à voir rompre les traités honteux de Paris, de 1814 et 1815, et l'émancipation de tous les peuples civilisés de l'Europe, surtout après l'insurrection des Belges, des Polonais et des Italiens. Pure illusion ! Triomphe de la Sainte-Alliance ! On reconnaît la validité des traités de Paris ; on proclame le système de non-intervention ; on met une nombreuse armée sur pied, mais elle ne marche pas ; on mobilise la garde nationale, mais elle reste immobile ; on achète des armes, mais on ne s'en sert pas ; on cède à toutes les exigences des puissances absolues ; on laisse périr la noble Pologne et on expose l'Italie aux violences de ses oppresseurs.

„Le peuple exprime son mécontentement et sa colère par des émeutes, mais inutilement ; l'aristocratie avait déjà mis à profit l'irrésolution et la faiblesse du gouvernement; la Vendée et le Midi se révoltent; les royalistes bravent les patriotes; la duchesse de Berry ose traverser la France d'un bout à l'autre, excitant au bouleversement de la dynastie actuelle et la police ne la découvre point; elle fait tout cela impunément.

„Le *juste-milieu* et la paix à tout prix de Casimir Périer sont préconisés par les négociants, les grands propriétaires et les gens en place; la moyenne classe et le petit peuple les détestent. Ces derniers préféreraient de verser leur sang que d'être témoins de l'avilissement du sang français. Les citoyens unis pour le bannissement de la branche aînée des Bourbons se divisent en partis qui se combattent, qui se haïssent. Cependant on ne fait rien pour l'intérêt matériel du peuple! le budget est enflé de 400 millions; les impôts restent; le monopole est maintenu, etc. Les inondations et la disette en 1831 augmentent la misère, les émeutes deviennent plus dangereuses et plus fréquentes; celle de Lyon est très sérieuse.

„Au mois de juin 1831 Louis-Phi-

lippe parcourt l'Alsace; à l'exemple de
Charles X, il fait les plus belles promesses, mais on en attend encore l'ac-
complissement. Les conseillers du roi
ne font rien pour l'affermir dans l'affection du peuple. La persuasion que
Louis-Philippe ressemble aux autres rois
fait naître dans l'esprit de la jeunesse
le désir de renverser aussi son trône et
de fonder une république. L'essai qu'ils
en font le 5 et 6 juin 1832, coûte la vie
à environ six cents citoyens et plonge
dans le deuil une infinité de familles.

„La couronne est sortie victorieuse
de cette lutte inconsidérée. Le repos
est rétabli, mais les plaintes et le mécontentement n'ont point cessé, un cer-
tain malaise se manifeste partout, le
ressentiment travaille les cœurs. Que
le gouvernement ne se livre point à la
sécurité!

„L'intraitable roi de Hollande tient
les Français et les Anglais en échec et
empêche les progrès de la prospérité
chez l'un et l'autre peuple. Les Autrichiens et les Prussiens font marcher
des masses énormes de troupes pour
étouffer les mouvements de la liberté
chez les autres Allemands, et sans
doute, pour venir ensuite étendre aussi
sur nous leur bras de fer.

„Grâce aux principes pacifiques de notre gouvernement on laisse faire tout cela sans se remuer; on paraît même s'amuser à voir ce spectacle et y applaudir. Par bonheur l'abondance de la récolte de 1832 calme pour le moment les murmures; si le prolétaire a du pain, il ne songe pas à troubler le repos public."

Le manuscrit s'arrête brusquement sur cette pensée, vraie peut-être il y a soixante ans, mais singulièrement inexacte de nos jours, où le „quatrième état" réclame bien autre chose encore que du pain. L'auteur n'a plus trouvé le temps ou le loisir d'aborder la situation particulière de Strasbourg au début du règne de Louis-Philippe. On a pu deviner néanmoins, dans l'exposé de ses griefs généraux, qu'il ne portait point les Orléans dans son cœur, interprète fidèle, en cela comme pour le reste des opinions politiques exprimées dans ces pages, avec la grande majorité de ses concitoyens d'alors. C'est précisément parce que les *Esquisses* d'Aufschlager nous ont paru résumer fidèlement la moyenne de l'esprit public parmi ses contemporains strasbourgeois, que nous avons cru devoir les livrer à la publicité comme un document historique curieux. Quant à critiquer ses opinions, à en discuter la valeur, c'est ce que nous ne saurions entreprendre de faire ici, si même une discussion de ce genre nous semblait véritablement utile, et nous avons quelques doutes à cet égard. Ayant vécu au milieu du plus grand cataclysme des temps modernes, notre auteur a pu changer quelquefois de manière de voir et modifier ses convictions politiques, ainsi que l'ont fait des millions de ceux qui vécurent à ses côtés. Mais il importe de remarquer, en stricte justice, que le vieux professeur strasbourgeois est toujours resté fidèle aux idées libérales sous tous les régimes, qu'il n'a cessé d'être *modéré* sous les gouvernements qui l'étaient le moins, et que, du commencement à la fin de sa carrière, il fut bon patriote et chaudement attaché aux intérêts de son pays. C'est là un témoignage suffisamment flatteur, ce me semble, et en même temps suffisamment mérité, pour que nous accordions chez Jean-Frédéric Aufschlager notre curiosité sympathique à l'écrivain pendant une heure, et l'hommage moins fugitif de notre respect à l'homme intègre et au digne citoyen.

Impr. Als. anc[t] G. Fischbach, Strasbourg. — 5764.

www.ingramcontent.com/pod-product-compliance
Ingram Content Group UK Ltd.
Pitfield, Milton Keynes, MK11 3LW, UK
UKHW020335130726
13696UKWH00003B/1366